Sültz Bücher

AF205293

Digitaler Nachlass - Digitales Erbe -
Einlogbuch/Passwortlisten

BoD- Books on Demand

Norderstedt 2018, GERMANY

Bibliografische Information durch die Deutsche Nationalbibliothek

Die Deutsche Nationalbibliothek verzeichnet diese Publikation in der Deutschen Nationalbibliografie; detaillierte bibliografische Daten sind im Internet über http://dnb.dnb.de abrufbar.

Herstellung und Verlag:

BoD – Books on Demand, Norderstedt, GERMANY

ISBN 9-78374-8-13725-2

Die folgenden Tipps sollen helfen, alles Wesentliche zu bedenken, damit Ihr Digitaler Nachlass gut geregelt ist:

•Kümmern Sie sich schon zu Lebzeiten um Ihren digitalen Nachlass!

•Fertigen Sie eine Übersicht aller Accounts mit Benutzernamen und Kennworten an! Füllen Sie dieses Einlogbuch aus!

• Legen Sie dieses Buch und/oder die Erinnerungsseiten (am Ende dieses Buchs herauszuschneiden) an einen sicheren Ort, beispielsweise in einem Tresor oder einem Bankschließfach!

•Bestimmen Sie eine Person Ihres Vertrauens zu Ihrem digitalen Nachlassverwalter! Legen Sie in einer Vollmacht für diese Person fest, dass sie sich um Ihr digitales Erbe kümmern soll!

•Regeln Sie in der Vollmacht detailliert, wie mit Ihrem digitalen Nachlass umgegangen werden soll. Welche Daten sollen gelöscht werden. Wie soll die Vertrauensperson mit Ihrem Account, z.B. in einem sozialen Netzwerk, usw., umgehen und was mit im Netz vorhandenen Fotos passieren soll!

•Bestimmen Sie ebenfalls, was mit Ihren Endgeräten (Computer, Smartphone, Tablet, Festplatten, usw.) und den dort gespeicherten Daten geschehen soll!

•Die Vollmacht müssen Sie handschriftlich verfassen, mit einem Datum versehen und unterschreiben. Unabdingbar ist außerdem, dass sie "über den Tod hinaus" gilt. Am Ende dieses Buchs sind Vordrucke zu finden.

•Denken Sie daran, die Auflistung Ihrer Accounts immer aktuell zu halten! Ergänzen Sie die Auflistung um neue Accounts, löschen Sie die Daten in der Übersicht, wenn Sie sich bei einem Account abgemeldet haben!

SEITEN AM BUCHENDE BEACHTEN UND AUSSCHNEIDEN!

Einlogdaten:

Webseite: www._____

Kundennummer: _____

Account: _____

e-Mail: _____

Benutzername: _____

Passwort: _____

Passwort geändert: _____

_____

Sicherheitsabfragen: _____

_____

_____

_____

Informationen/Bemerkungen:

_____

_____

_____

_____

_____

_____

_____

_____

_____

_____

_____

_____

_____

_____

Einlogdaten:

Webseite: www._____

Kundennummer: _____

Account: _____

e-Mail: _____

Benutzername: _____

Passwort: _____

Passwort geändert: _____
_____

Sicherheitsabfragen: _____
_____
_____
_____

Informationen/Bemerkungen:
_____
_____
_____
_____
_____
_____
_____
_____
_____
_____
_____
_____
_____
_____
_____

Einlogdaten:

Webseite: www._____

Kundennummer: _____

Account: _____

e-Mail: _____

Benutzername: _____

Passwort: _____

Passwort geändert: _____

_____

Sicherheitsabfragen: _____

_____

_____

_____

Informationen/Bemerkungen:

_____

_____

_____

_____

_____

_____

_____

_____

_____

_____

_____

_____

_____

_____

Einlogdaten:

Webseite: www._____

Kundennummer: _____

Account: _____

e-Mail: _____

Benutzername: _____

Passwort: _____

Passwort geändert: _____

_____

Sicherheitsabfragen: _____

_____

_____

_____

Informationen/Bemerkungen:

_____

_____

_____

_____

_____

_____

_____

_____

_____

_____

_____

_____

_____

_____

Einlogdaten:

Webseite: www._____

Kundennummer: _____

Account: _____

e-Mail: _____

Benutzername: _____

Passwort: _____

Passwort geändert: _____

_____

Sicherheitsabfragen: _____

_____

_____

_____

Informationen/Bemerkungen:

_____

_____

_____

_____

_____

_____

_____

_____

_____

_____

_____

_____

_____

Einlogdaten:

Webseite: www._____

Kundennummer: _____

Account: _____

e-Mail: _____

Benutzername: _____

Passwort: _____

Passwort geändert: _____

_____

Sicherheitsabfragen: _____

_____

_____

_____

Informationen/Bemerkungen:

_____

_____

_____

_____

_____

_____

_____

_____

_____

_____

_____

_____

_____

Einlogdaten:

Webseite: www._____

Kundennummer: _____

Account: _____

e-Mail: _____

Benutzername: _____

Passwort: _____

Passwort geändert: _____
_____

Sicherheitsabfragen: _____
_____
_____
_____

Informationen/Bemerkungen:
_____
_____
_____
_____
_____
_____
_____
_____
_____
_____
_____
_____
_____

Einlogdaten:

Webseite: www._____

Kundennummer: _____

Account: _____

e-Mail: _____

Benutzername: _____

Passwort: _____

Passwort geändert: _____

_____

Sicherheitsabfragen: _____

_____

_____

_____

Informationen/Bemerkungen:

_____

_____

_____

_____

_____

_____

_____

_____

_____

_____

_____

_____

_____

Einlogdaten:

Webseite: www._____

Kundennummer: _____

Account: _____

e-Mail: _____

Benutzername: _____

Passwort: _____

Passwort geändert: _____

_____

Sicherheitsabfragen: _____

_____

_____

_____

Informationen/Bemerkungen:

_____

_____

_____

_____

_____

_____

_____

_____

_____

_____

_____

_____

_____

_____

_____

Einlogdaten:

Webseite: www._____

Kundennummer: _____

Account: _____

e-Mail: _____

Benutzername: _____

Passwort: _____

Passwort geändert: _____

_____

Sicherheitsabfragen: _____

_____

_____

_____

Informationen/Bemerkungen:

_____

_____

_____

_____

_____

_____

_____

_____

_____

_____

_____

_____

_____

_____

Einlogdaten:

Webseite: www._____

Kundennummer: _____

Account: _____

e-Mail: _____

Benutzername: _____

Passwort: _____

Passwort geändert: _____

_____

Sicherheitsabfragen: _____

_____

_____

_____

Informationen/Bemerkungen:

_____

_____

_____

_____

_____

_____

_____

_____

_____

_____

_____

_____

_____

_____

Einlogdaten:

Webseite: www._____

Kundennummer: _____

Account: _____

e-Mail: _____

Benutzername: _____

Passwort: _____

Passwort geändert: _____

_____

Sicherheitsabfragen: _____

_____

_____

_____

Informationen/Bemerkungen:

_____

_____

_____

_____

_____

_____

_____

_____

_____

_____

_____

_____

_____

Einlogdaten:

Webseite: www._____

Kundennummer: _____

Account: _____

e-Mail: _____

Benutzername: _____

Passwort: _____

Passwort geändert: _____

_____

Sicherheitsabfragen: _____

_____

_____

_____

Informationen/Bemerkungen:

_____

_____

_____

_____

_____

_____

_____

_____

_____

_____

_____

_____

_____

_____

Einlogdaten:

Webseite: www._____

Kundennummer: _____

Account: _____

e-Mail: _____

Benutzername: _____

Passwort: _____

Passwort geändert: _____

_____

Sicherheitsabfragen: _____

_____

_____

_____

Informationen/Bemerkungen:

_____

_____

_____

_____

_____

_____

_____

_____

_____

_____

_____

_____

_____

_____

Einlogdaten:

Webseite: www._____

Kundennummer: _____

Account: _____

e-Mail: _____

Benutzername: _____

Passwort: _____

Passwort geändert: _____

_____

Sicherheitsabfragen: _____

_____

_____

_____

Informationen/Bemerkungen:

_____

_____

_____

_____

_____

_____

_____

_____

_____

_____

_____

_____

_____

_____

_____

_____

Einlogdaten:

Webseite: www._____

Kundennummer: _____

Account: _____

e-Mail: _____

Benutzername: _____

Passwort: _____

Passwort geändert: _____

_____

Sicherheitsabfragen: _____

_____

_____

_____

Informationen/Bemerkungen:

_____

_____

_____

_____

_____

_____

_____

_____

_____

_____

_____

_____

_____

_____

_____

Einlogdaten:

Webseite: www._____

Kundennummer: _____

Account: _____

e-Mail: _____

Benutzername: _____

Passwort: _____

Passwort geändert: _____

_____

Sicherheitsabfragen: _____

_____

_____

_____

Informationen/Bemerkungen:

_____

_____

_____

_____

_____

_____

_____

_____

_____

_____

_____

_____

_____

_____

Einlogdaten:

Webseite: www._____

Kundennummer: _____

Account: _____

e-Mail: _____

Benutzername: _____

Passwort: _____

Passwort geändert: _____

_____

Sicherheitsabfragen: _____

_____

_____

_____

Informationen/Bemerkungen:

_____

_____

_____

_____

_____

_____

_____

_____

_____

_____

_____

_____

_____

_____

Einlogdaten:

Webseite: www._____

Kundennummer: _____

Account: _____

e-Mail: _____

Benutzername: _____

Passwort: _____

Passwort geändert: _____

_____

Sicherheitsabfragen: _____

_____

_____

_____

Informationen/Bemerkungen:

_____

_____

_____

_____

_____

_____

_____

_____

_____

_____

_____

_____

Einlogdaten:

Webseite: www._____

Kundennummer: _____

Account: _____

e-Mail: _____

Benutzername: _____

Passwort: _____

Passwort geändert: _____

_____

Sicherheitsabfragen: _____

_____

_____

_____

Informationen/Bemerkungen:

_____

_____

_____

_____

_____

_____

_____

_____

_____

_____

_____

_____

_____

Einlogdaten:

Webseite: www._____

Kundennummer: _____

Account: _____

e-Mail: _____

Benutzername: _____

Passwort: _____

Passwort geändert: _____

_____

Sicherheitsabfragen: _____

_____

_____

_____

Informationen/Bemerkungen:

_____

_____

_____

_____

_____

_____

_____

_____

_____

_____

_____

_____

_____

_____

Einlogdaten:

Webseite: www._____

Kundennummer: _____

Account: _____

e-Mail: _____

Benutzername: _____

Passwort: _____

Passwort geändert: _____

_____

Sicherheitsabfragen: _____

_____

_____

_____

Informationen/Bemerkungen:

_____

_____

_____

_____

_____

_____

_____

_____

_____

_____

_____

_____

_____

_____

Einlogdaten:

Webseite: www._____

Kundennummer: _____

Account: _____

e-Mail: _____

Benutzername: _____

Passwort: _____

Passwort geändert: _____

_____

Sicherheitsabfragen: _____

_____

_____

_____

Informationen/Bemerkungen:

_____

_____

_____

_____

_____

_____

_____

_____

_____

_____

_____

_____

Einlogdaten:

Webseite: www._____

Kundennummer: _____

Account: _____

e-Mail: _____

Benutzername: _____

Passwort: _____

Passwort geändert: _____
_____

Sicherheitsabfragen: _____
_____
_____
_____

Informationen/Bemerkungen:
_____
_____
_____
_____
_____
_____
_____
_____
_____
_____
_____
_____
_____
_____

Einlogdaten:

Webseite: www._____

Kundennummer: _____

Account: _____

e-Mail: _____

Benutzername: _____

Passwort: _____

Passwort geändert: _____

_____

Sicherheitsabfragen: _____

_____

_____

_____

Informationen/Bemerkungen:

_____

_____

_____

_____

_____

_____

_____

_____

_____

_____

_____

_____

_____

_____

_____

Einlogdaten:

Webseite: www._____

Kundennummer: _____

Account: _____

e-Mail: _____

Benutzername: _____

Passwort: _____

Passwort geändert: _____

_____

Sicherheitsabfragen: _____

_____

_____

_____

Informationen/Bemerkungen:

_____

_____

_____

_____

_____

_____

_____

_____

_____

_____

_____

_____

_____

_____

Einlogdaten:

Webseite: www._____

Kundennummer: _____

Account: _____

e-Mail: _____

Benutzername: _____

Passwort: _____

Passwort geändert: _____

_____

Sicherheitsabfragen: _____

_____

_____

_____

Informationen/Bemerkungen:

_____

_____

_____

_____

_____

_____

_____

_____

_____

_____

_____

_____

_____

_____

Einlogdaten:

Webseite: www._____

Kundennummer: _____

Account: _____

e-Mail: _____

Benutzername: _____

Passwort: _____

Passwort geändert: _____

_____

Sicherheitsabfragen: _____

_____

_____

_____

Informationen/Bemerkungen:

_____

_____

_____

_____

_____

_____

_____

_____

_____

_____

_____

_____

_____

_____

Einlogdaten:

Webseite: www._____

Kundennummer: _____

Account: _____

e-Mail: _____

Benutzername: _____

Passwort: _____

Passwort geändert: _____

_____

Sicherheitsabfragen: _____

_____

_____

_____

Informationen/Bemerkungen:

_____

_____

_____

_____

_____

_____

_____

_____

_____

_____

_____

_____

_____

Einlogdaten:

Webseite: www._____

Kundennummer: _____

Account: _____

e-Mail: _____

Benutzername: _____

Passwort: _____

Passwort geändert: _____

_____

Sicherheitsabfragen: _____

_____

_____

_____

Informationen/Bemerkungen:

_____

_____

_____

_____

_____

_____

_____

_____

_____

_____

_____

_____

_____

Einlogdaten:

Webseite: www._____
Kundennummer: _____

Account: _____
e-Mail: _____
Benutzername: _____
Passwort: _____
Passwort geändert: _____

_____
Sicherheitsabfragen: _____

_____
_____
_____

Informationen/Bemerkungen:

_____
_____
_____
_____
_____
_____
_____
_____
_____
_____
_____
_____
_____

Einlogdaten:

Webseite: www._____

Kundennummer: _____

Account: _____

e-Mail: _____

Benutzername: _____

Passwort: _____

Passwort geändert: _____

_____

Sicherheitsabfragen: _____

_____

_____

_____

Informationen/Bemerkungen:

_____

_____

_____

_____

_____

_____

_____

_____

_____

_____

_____

_____

_____

_____

Einlogdaten:

Webseite: www._____

Kundennummer: _____

Account: _____

e-Mail: _____

Benutzername: _____

Passwort: _____

Passwort geändert: _____

_____

Sicherheitsabfragen: _____

_____

_____

_____

Informationen/Bemerkungen:

_____

_____

_____

_____

_____

_____

_____

_____

_____

_____

_____

_____

_____

_____

Einlogdaten:

Webseite: www._____

Kundennummer: _____

Account: _____

e-Mail: _____

Benutzername: _____

Passwort: _____

Passwort geändert: _____

_____

Sicherheitsabfragen: _____

_____

_____

_____

Informationen/Bemerkungen:

_____

_____

_____

_____

_____

_____

_____

_____

_____

_____

_____

_____

Erinnerungsinformation!
Das Passwort/Einlogbuch befindet sich
an folgender Stelle _____

_____

_____

_____

_____

_____

_____

_____

oder/und bem Anwalt oder/und beim Partner
oder/und bei den Eltern oder
einer anderen vertrauenswürdigen Person zur
Aufbewahrung abgelegt werden. Ebenso ist dort
eine Vollmacht für mein Digitales Erbe.

Einlogdaten aufzuschreiben ist immer gefährlich!
Heute besitzen wir unzählige Accounts. Solange
wir alle relevanten Daten im Kopf haben, ist alles
gut. Für den Notfall oder doch den täglichen Ge-
brauch ist dieses Passwortbuch gedacht. Aber
wir sollten es an einem sicheren Ort aufbewahren.
Wir sollten auch unbedingt an den Digitalen
Nachlass denken! Denken wir auch an:
PASSWORT VERGESSEN - FEUER - EINBRUCH -
KRANKEIT - KRANKENHAUS - ERBE...

Auf der Rückseite bitte weitere Informationen
zum Versteck oder Ablageort eintragen
und/oder einzeichnen!

Erinnerungsinformation! **!**
Das Passwort/Einlogbuch befindet sich
an folgender Stelle _____

_____

_____

_____

_____

_____

_____

_____

oder/und bem Anwalt oder/und beim Partner **!**
oder/und bei den Eltern oder
einer anderen vertrauenswürdigen Person zur
Aufbewahrung abgelegt werden. Ebenso ist dort
eine Vollmacht für mein Digitales Erbe.

Einlogdaten aufzuschreiben ist immer gefährlich!
Heute besitzen wir unzählige Accounts. Solange
wir alle relevanten Daten im Kopf haben, ist alles
gut. Für den Notfall oder doch den täglichen Ge-
brauch ist dieses Passwortbuch gedacht. Aber
wir sollten es an einem sicheren Ort aufbewahren.
Wir sollten auch unbedingt an den Digitalen
Nachlass denken! Denken wir auch an:
PASSWORT VERGESSEN - FEUER - EINBRUCH -
KRANKEIT - KRANKENHAUS - ERBE...

Auf der Rückseite bitte weitere Informationen **!**
zum Versteck oder Ablageort eintragen
und/oder einzeichnen!

Erinnerungsinformation!
Das Passwort/Einlogbuch befindet sich
an folgender Stelle _____

_____

_____

_____

_____

_____

_____

oder/und bem Anwalt oder/und beim Partner
oder/und bei den Eltern oder
einer anderen vertrauenswürdigen Person zur
Aufbewahrung abgelegt werden. Ebenso ist dort
eine Vollmacht für mein Digitales Erbe.

Einlogdaten aufzuschreiben ist immer gefährlich!
Heute besitzen wir unzählige Accounts. Solange
wir alle relevanten Daten im Kopf haben, ist alles
gut. Für den Notfall oder doch den täglichen Ge-
brauch ist dieses Passwortbuch gedacht. Aber
wir sollten es an einem sicheren Ort aufbewahren.
Wir sollten auch unbedingt an den Digitalen
Nachlass denken! Denken wir auch an:
PASSWORT VERGESSEN - FEUER - EINBRUCH -
KRANKEIT - KRANKENHAUS - ERBE...

Auf der Rückseite bitte weitere Informationen
zum Versteck oder Ablageort eintragen
und/oder einzeichnen!

Erinnerungsinformation!
Das Passwort/Einlogbuch befindet sich
an folgender Stelle _____

_____

_____

_____

_____

_____

_____

_____

oder/und bem Anwalt oder/und beim Partner
oder/und bei den Eltern oder
einer anderen vertrauenswürdigen Person zur
Aufbewahrung abgelegt werden. Ebenso ist dort
eine Vollmacht für mein Digitales Erbe.

Einlogdaten aufzuschreiben ist immer gefährlich!
Heute besitzen wir unzählige Accounts. Solange
wir alle relevanten Daten im Kopf haben, ist alles
gut. Für den Notfall oder doch den täglichen Ge-
brauch ist dieses Passwortbuch gedacht. Aber
wir sollten es an einem sicheren Ort aufbewahren.
Wir sollten auch unbedingt an den Digitalen
Nachlass denken! Denken wir auch an:
PASSWORT VERGESSEN - FEUER - EINBRUCH -
KRANKEIT - KRANKENHAUS - ERBE...

Auf der Rückseite bitte weitere Informationen
zum Versteck oder Ablageort eintragen
und/oder einzeichnen!

Erinnerungsinformation!
Das Passwort/Einlogbuch befindet sich
an folgender Stelle _____

_____

_____

_____

_____

_____

_____

_____

oder/und bem Anwalt oder/und beim Partner
oder/und bei den Eltern oder
einer anderen vertrauenswürdigen Person zur
Aufbewahrung abgelegt werden. Ebenso ist dort
eine Vollmacht für mein Digitales Erbe.

Einlogdaten aufzuschreiben ist immer gefährlich!
Heute besitzen wir unzählige Accounts. Solange
wir alle relevanten Daten im Kopf haben, ist alles
gut. Für den Notfall oder doch den täglichen Ge-
brauch ist dieses Passwortbuch gedacht. Aber
wir sollten es an einem sicheren Ort aufbewahren.
Wir sollten auch unbedingt an den Digitalen
Nachlass denken! Denken wir auch an:
PASSWORT VERGESSEN - FEUER - EINBRUCH -
KRANKEIT - KRANKENHAUS - ERBE...

Auf der Rückseite bitte weitere Informationen
zum Versteck oder Ablageort eintragen
und/oder einzeichnen!

Digitaler Nachlass nach dem Tod und darüber hinaus für

Mein Name/Anschrift

_____

_____

Ich bevollmächtige _____
damit, alle Daten und Accounts zu löschen oder
in seinen/ihren Besitz zu übernehmen.
Es sollen alle Endgeräte übernommen oder
entsorgt werden. Diese Vollmacht ist über den
Tod hinaus gültig. Das Passwort/Einlogbuch
befindet sich an folgender Stelle _____

bitte wählen und streichen

! Der obige Text muss nun handschriftlich geschrieben werden!

_____

_____

_____

_____

_____

_____

_____

_____

_____

_____

_____

_____

_____

! **Ort/Datum/Unterschrift**

_____

Digitaler Nachlass nach dem Tod und darüber hinaus für

Mein Name/Anschrift

_____

_____

Ich bevollmächtige _____
damit, alle Daten und Accounts zu löschen oder
in seinen/ihren Besitz zu übernehmen.
Es sollen alle Endgeräte übernommen oder
entsorgt werden. Diese Vollmacht ist über den
Tod hinaus gültig. Das Passwort/Einlogbuch
befindet sich an folgender Stelle _____

bitte wählen und streichen

! Der obige Text muss nun handschriftlich geschrieben werden!

_____

_____

_____

_____

_____

_____

_____

_____

_____

_____

_____

_____

! Ort/Datum/Unterschrift

_____